© paletti, ein Imprint der Verlag Karl Müller GmbH, Köln 2004
www.karl-mueller-verlag.de

Text und Illustration: Hinrich Altemüller für INTERPILL MEDIA GMBH, Hamburg
Englischsprachige Beratung: Manfred Thönicke

Umschlaggestaltung: Kraft & Partner Werbeagentur GmbH

Printed in Hungary

ISBN: 3-89893-555-8

Table of contents • Inhalt

That's me • Das bin ich .... **4 - 5**
What I do • Was ich tue .... **6 - 7**
My clothes • Meine Kleidung .... **8 - 9**
Our house • Unser Haus .... **10 - 11**
In my room • In meinem Zimmer .... **12 - 13**
In our living room • In unserem Wohnzimmer .... **14 - 15**
In our kitchen • In unserer Küche .... **16 - 17**
Our dining-room • Unser Esszimmer .... **18 - 19**
Our bathroom • Unser Badezimmer .... **20 - 21**
Our town • Unsere Stadt .... **22 - 23**
At school • In der Schule .... **24 - 25**
In the supermarket • Im Supermarkt .... **26 - 27**
At the zoo • Im Zoo .... **28 - 29**
Springtime on the farm • Frühling auf dem Bauernhof .... **30 - 31**
Summer at the sea • Sommer am Meer .... **32 - 33**
Autumn • Herbst .... **34 - 35**
Winter in the mountains • Winter in den Bergen .... **36 - 37**
My family • Meine Familie **38**
Traffic • Verkehr **39**
Opposites • Gegensätze .... **40 - 41**
Time and weekdays • Uhrzeit und Wochentage **42**
Numbers • Zahlen **43**
Vocabulary • Wörterliste .... **44 - 48**

That's me • Das bin ich

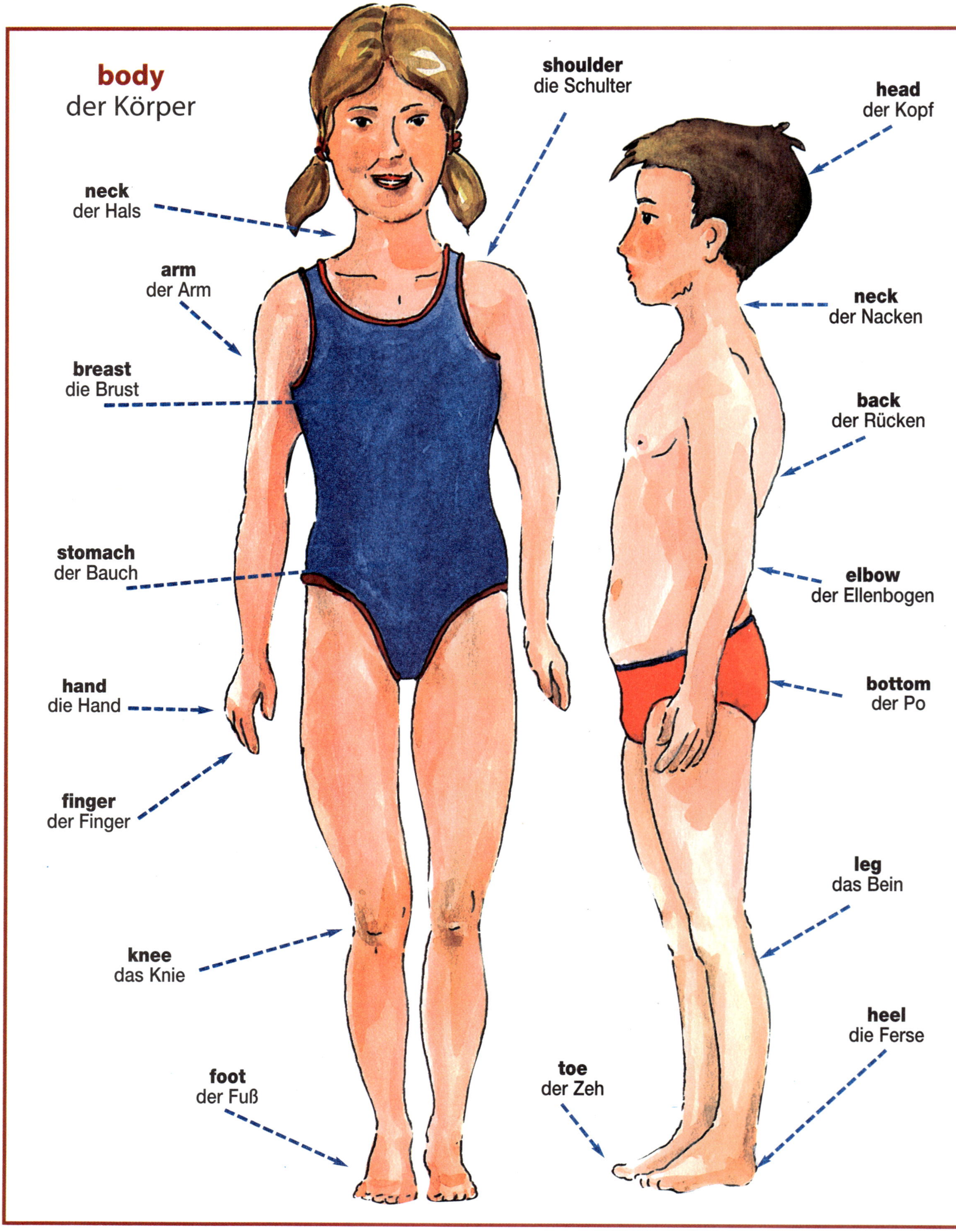

face
das Gesicht

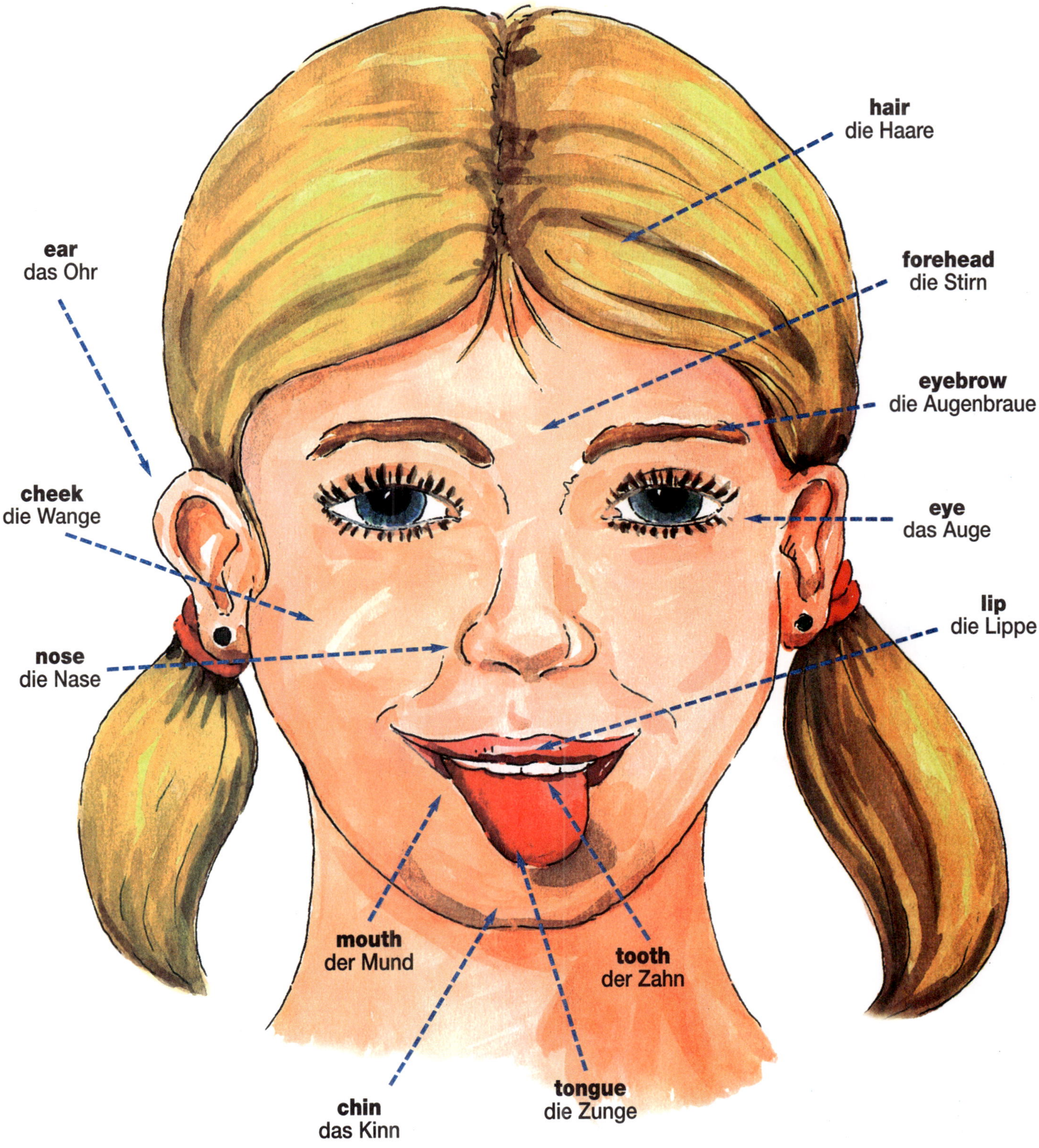

What I do • Was ich tue

to sleep
schlafen

to talk
reden

to listen
zuhören

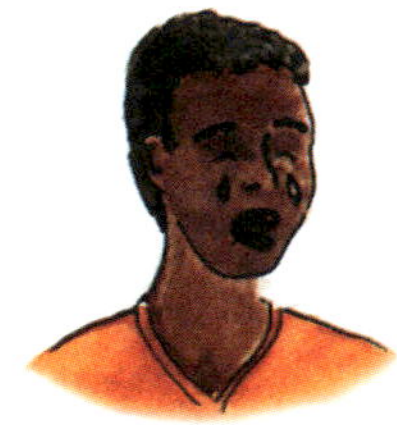

to cry
weinen

to laugh
lachen

to tidy up
aufräumen

to pull
ziehen

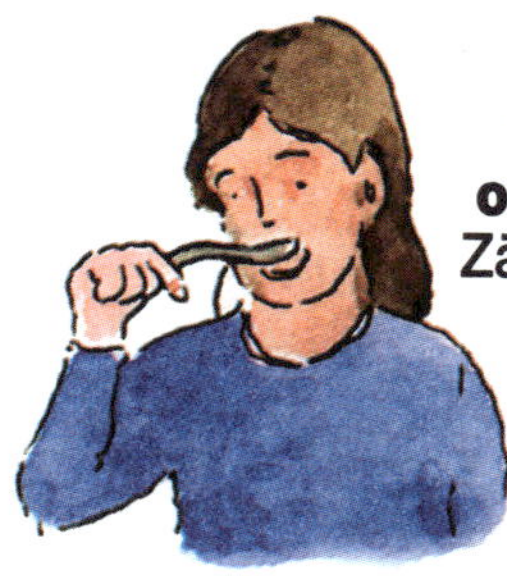

to brush one's teeth
Zähne putzen

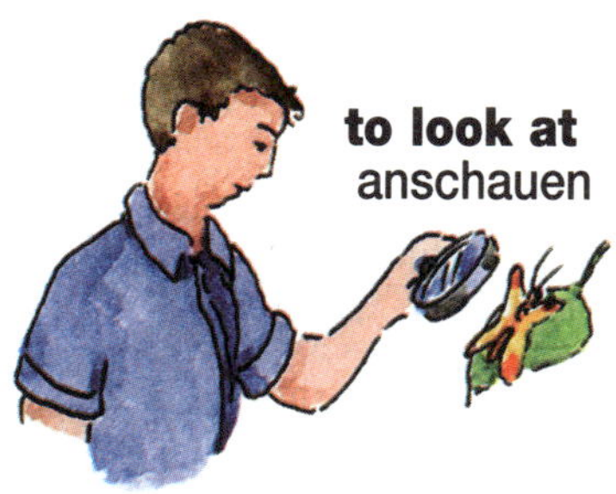

to look at
anschauen

to sing
singen

to jump
springen

to calculate
rechnen

to play
spielen

to carry
tragen

to lie
liegen

to whisper
flüstern

to shout
schreien

to run
rennen

to sit
sitzen

to push
schieben

to brush
bürsten

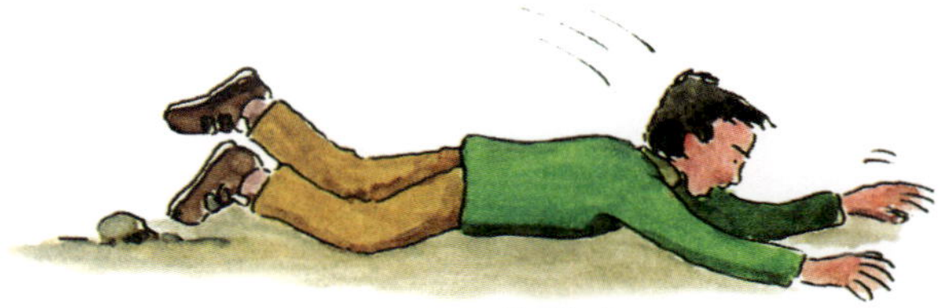

to fall down
hinfallen

to walk
gehen

to read
lesen

to pet
streicheln

to give
geben

to take
nehmen

to wake up
aufwachen

to drink
trinken

to catch
fangen

to throw
werfen

to wash
waschen

to stand
stehen

to embrace
umarmen

My clothes • Meine Kleidung

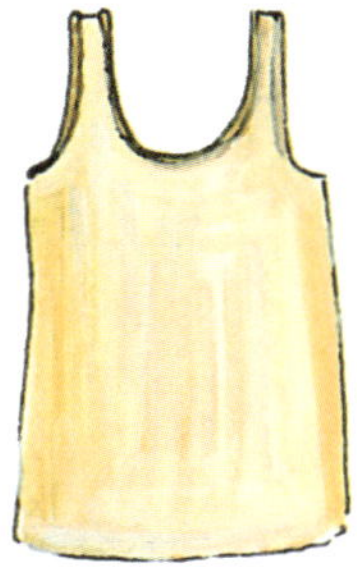

undershirt
das Unterhemd

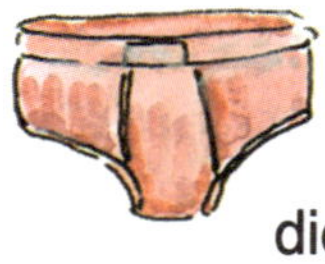

pants
die Unterhose

socks
die Socken

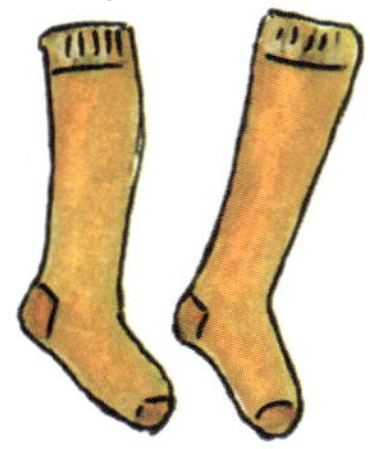

stockings
die Strümpfe

jacket
die Jacke

sweatshirt
das Sweatshirt

sandals
die Sandalen

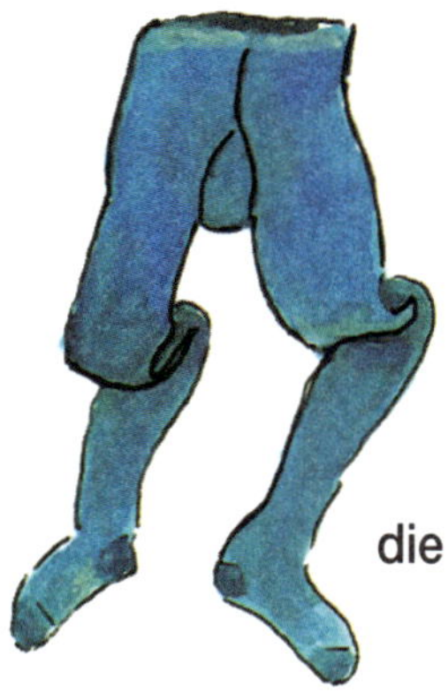

tights
die Strumpfhose

anorak
der Anorak

dungarees
die Latzhose

belt
der Gürtel

shirt
das Hemd

jeans
die Jeans

swimming costume
der Badeanzug

pyjamas
der Schlafanzug

bracelet
das Armband

Wellingtons
die Gummistiefel

button
der Knopf

shoes
die Schuhe

cap
die Mütze

gloves
die Handschuhe

sneakers
die Turnschuhe

jumper
der Pullover

blouse
die Bluse

scarf
der Schal

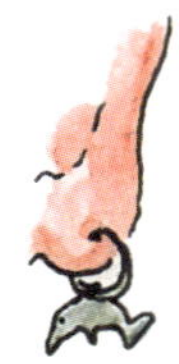

earring
der Ohrring

nightdress
das Nachthemd

T-shirt
das T-Shirt

zipper
der Reißverschluss

wrist watch
die Armbanduhr

ring
der Ring

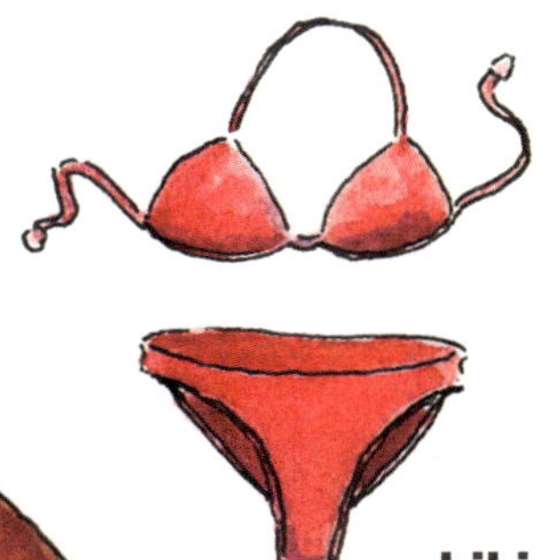

bikini
der Bikini

glasses
die Brille

skirt
der Rock

coat
der Mantel

trousers
die Hose

shorts
die kurze Hose

slippers
die Hausschuhe

Our house • Unser Haus

easy chair
der Sessel

washing machine
die Waschmaschine

broom
der Besen

drier
der Wäschetrockner

watering can
die Gießkanne

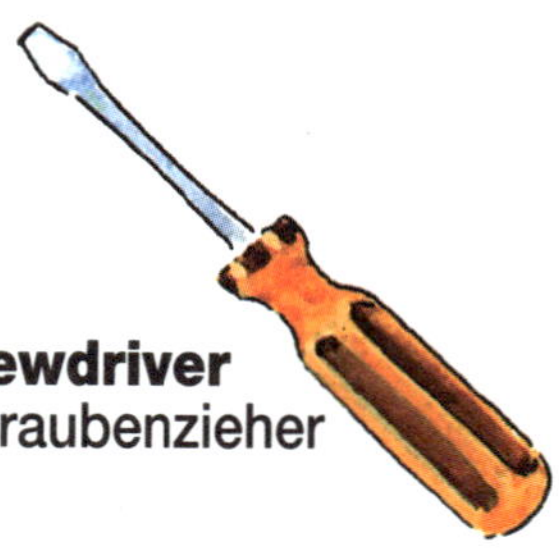

screwdriver
der Schraubenzieher

laundry basket
der Wäschekorb

key ring
das Schlüsselbund

letter box
der Briefkasten

floorcloth
der Wischmopp

rubbish bin
die Mülltonne

vacuum cleaner
der Staubsauger

doormat
die Fußmatte

bucket
der Eimer

pliers
die Zange

hammer
der Hammer

In my room • In meinem Zimmer

glove puppet
die Handpuppe

Gameboy
der
Gameboy

guitar
die Gitarre

teddy bear
der Teddybär

xylophone
das Xylophon

recorder
die Blockflöte

pieces
die Spielsteine

jigsaw puzzle
das Puzzle

puppet
die Marionette

lego bricks
die Legosteine

hobby-horse
das Steckenpferd

doll
die Puppe

doll's pram
der Puppenwagen

blocks
die Bauklötze

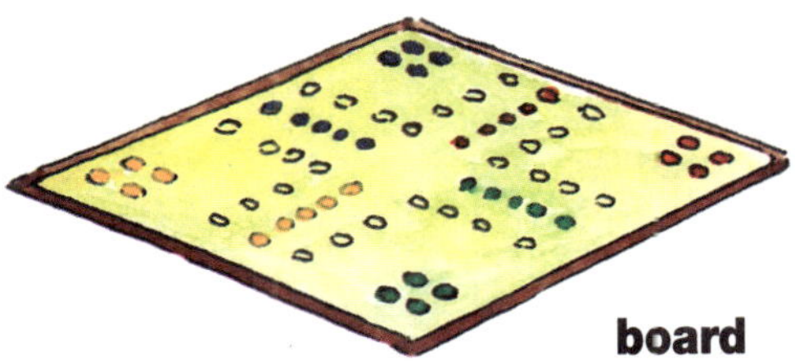
board
das Spielbrett

deck of cards
das Kartenspiel

die
der Würfel

In our living room • In unserem Wohnzimmer

light bulb
die Glühbirne

book
das Buch

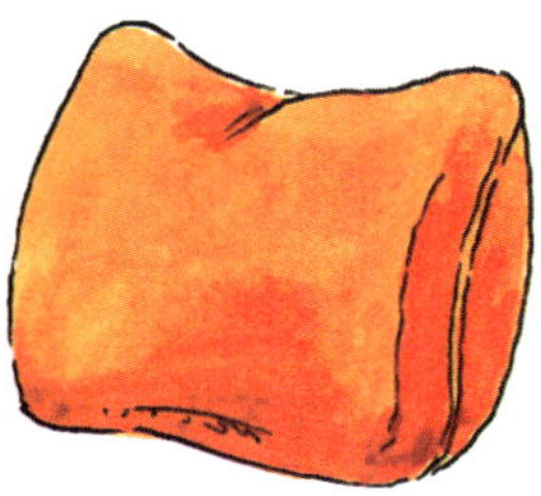

cushion
das Kissen

magazine
die Zeitschrift

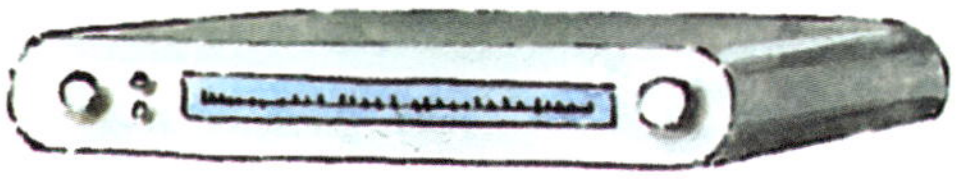

radio
das Radio

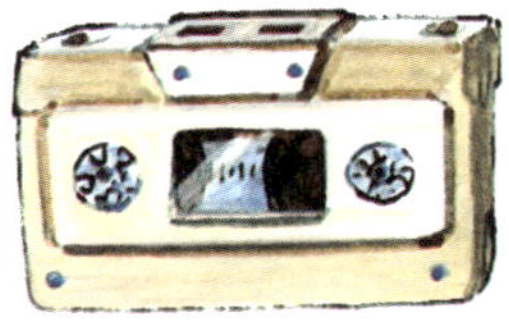

cassette
die Kassette

CD player
der CD-Spieler

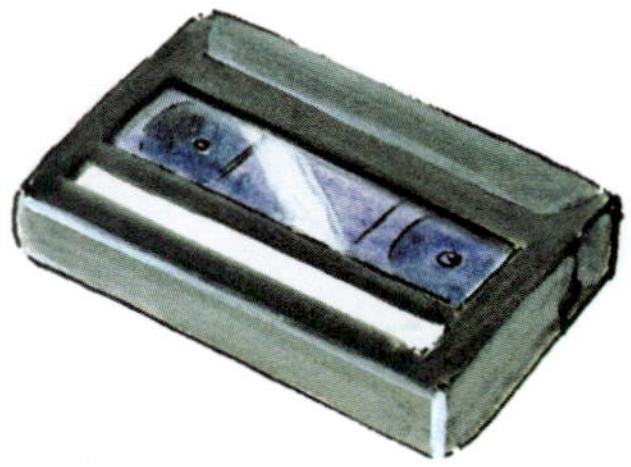

video cassette
die Videokassette

socket
die Steckdose

matches
die Streichhölzer

compact disc
die CD

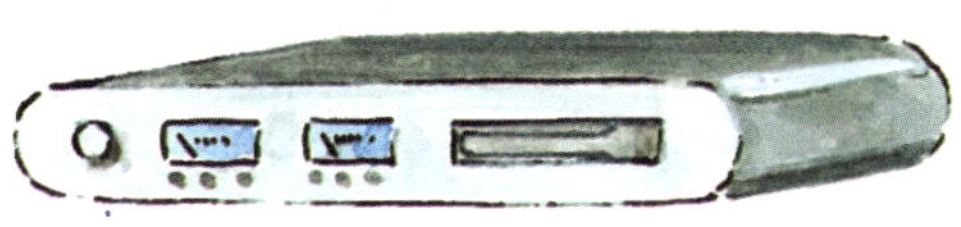

cassette recorder
der Kassettenrekorder

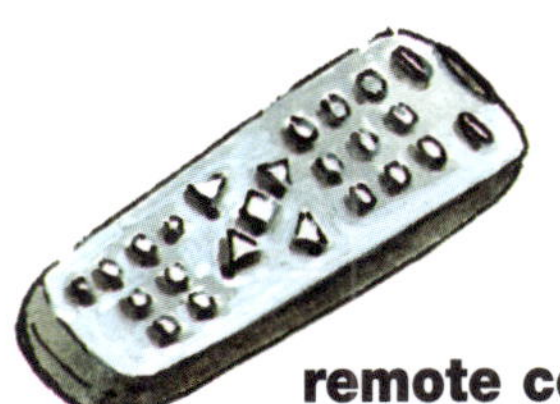

remote control
die Fernbedienung

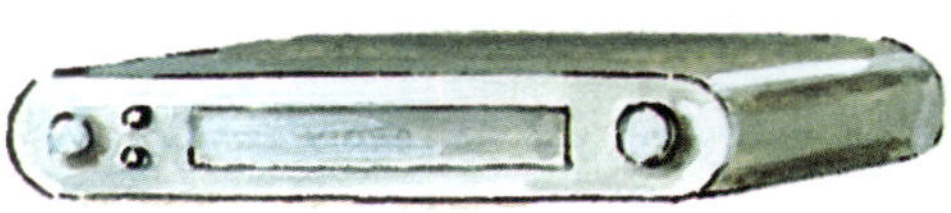

video recorder
der Videorekorder

In our kitchen • In unserer Küche

cup
die Tasse

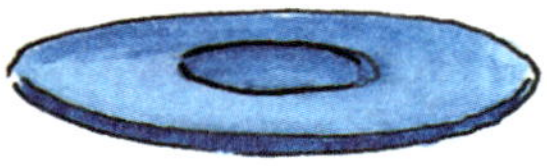

saucer
die Untertasse

soup ladle
die Suppenkelle

sieve
das Sieb

cake tin
die Kuchenform

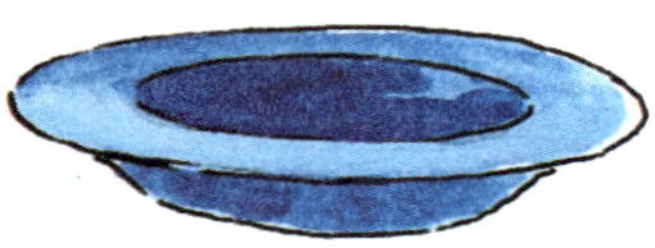

soup plate
der Suppenteller

pan
die Pfanne

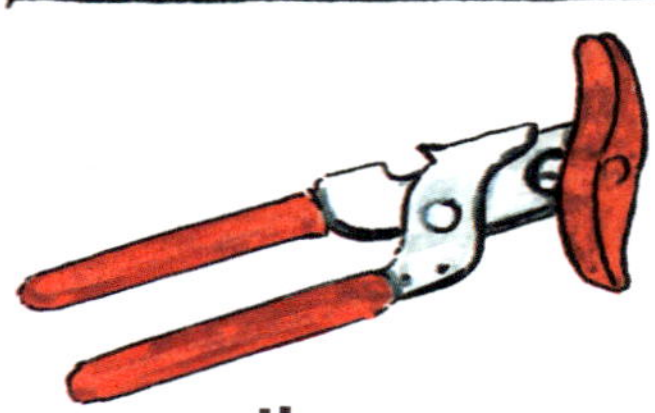

tin opener
der Dosenöffner

eggcup
der Eierbecher

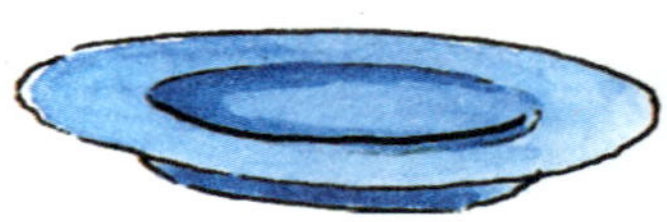

plate
der Teller

knife
das Messer

fork
die Gabel

spoon
der Esslöffel

teaspoon
der Teelöffel

cup
der Becher

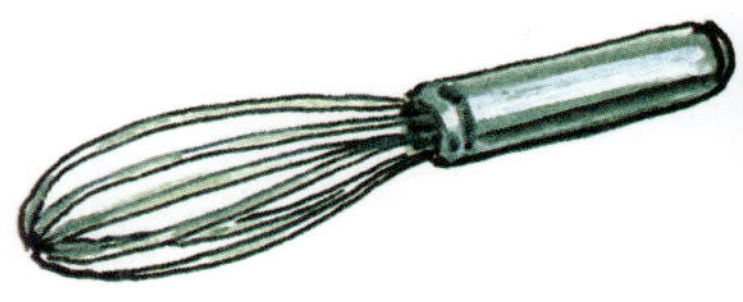

whisk
der Schneebesen

sponge
der Schwamm

brush
die Bürste

corkscrew
der Korkenzieher

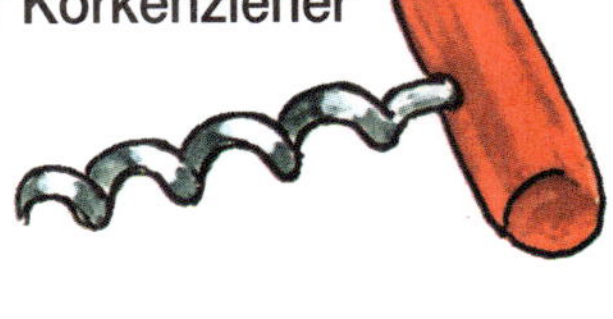

scraper
der Pfannenwender

Our dining-room • Unser Esszimmer

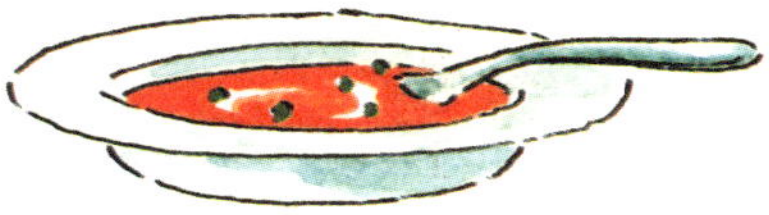

soup
die Suppe

ice-cream
das Eis

chips
die Pommes frites

fish fingers
die Fischstäbchen

mustard
der Senf

chicken
das Hähnchen

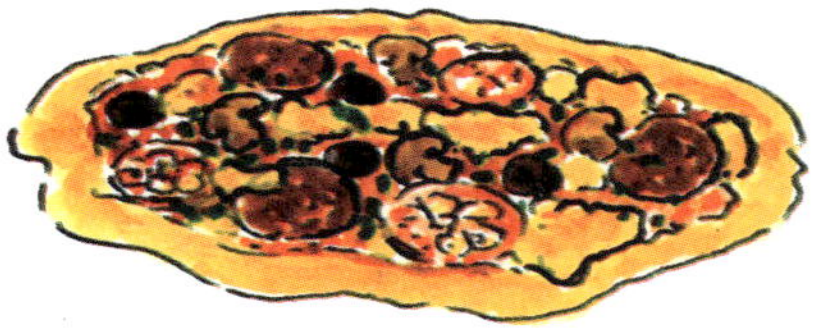

pizza
die Pizza

salt and pepper
das Salz und der Pfeffer

schnitzel
das Schnitzel

cake
der Kuchen

juice
der Saft

rice
der Reis

hamburger
der Hamburger

spaghetti
die Spagetti

sauce
die Soße

salad
der Salat

vegetables
das Gemüse

Our bathroom • Unser Badezimmer

brush
die Bürste

toothbrush glass
der Zahnputzbecher

sponge bag
der Waschbeutel

perfume
das Parfüm

razor
der Rasierapparat

deodorant
das Deodorant

soap
die Seife

lipstick
der Lippenstift

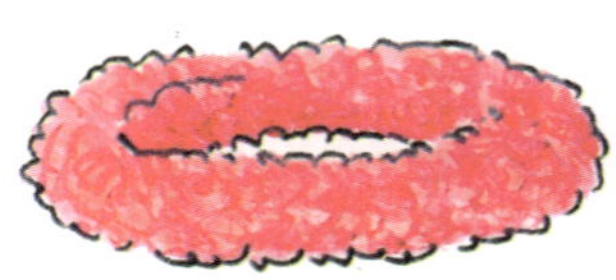

rubber band
das Haargummi

aftershave lotion
das Rasierwasser

cream
die Creme

nailcare-set
das Nageletui

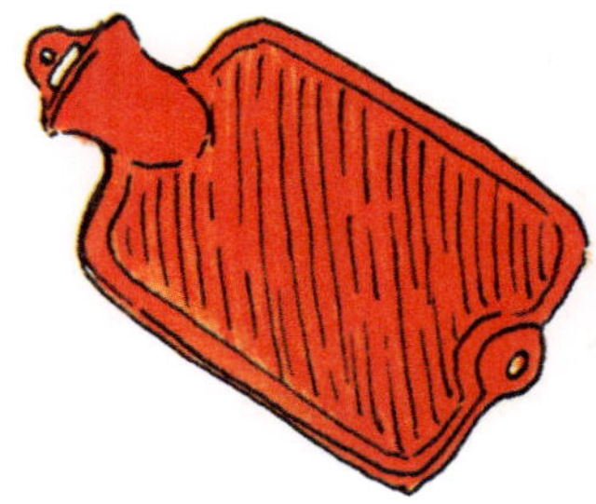

hot-water bottle
die Wärmflasche

bubble bath
das Schaumbad

water tap
der Wasserhahn

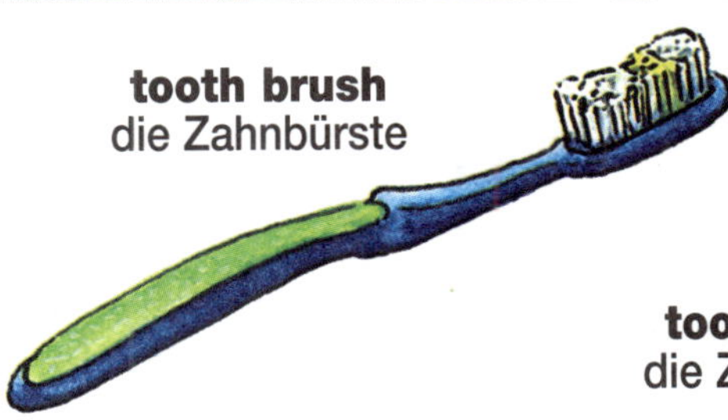

tooth brush
die Zahnbürste

toothpaste
die Zahnpasta

Our town • Unsere Stadt

advertising column
die Litfaßsäule

letter box
der Briefkasten

place name sign
das Ortsschild

bicycle
das Fahrrad

recycling bin
der Müllcontainer

stop
die Haltestelle

street artist
der
Straßenmaler

parking meter
die Parkuhr

policeman
der Polizist

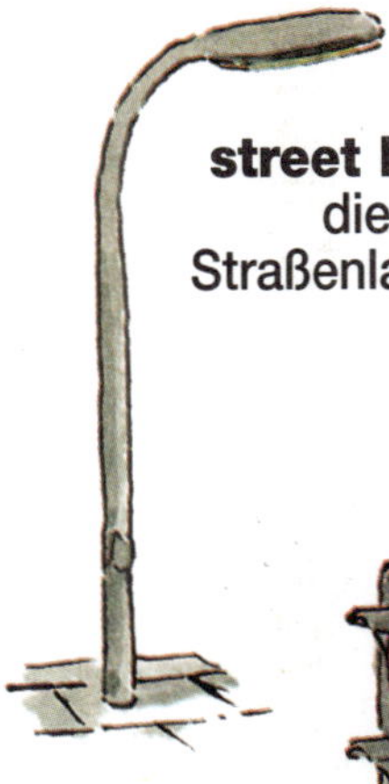

street lamp
die Straßenlaterne

traffic lights
die Ampel

street musician
der Straßenmusikant

telephone booth
die Telefonzelle

cab
das Taxi

At school • In der Schule

rubber
der Radiergummi

adhesive tape
der Tesafilm

glue
der Klebstoff

report
das Zeugnis

satchel
der Schulranzen

pair of scissors
die Schere

file
der Ordner

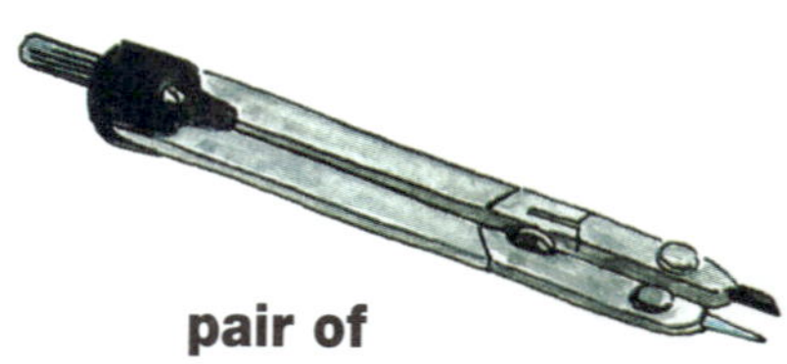

**pair of
compasses**
der Zirkel

sharpener
der Anspitzer

school book
das Schulbuch

snack
das Pausenbrot

paintbox
der Farbkasten

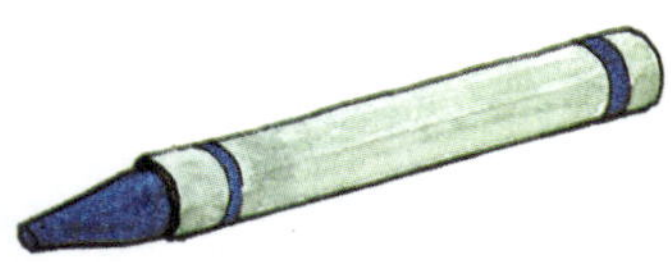

wax crayon
der Wachsmalstift

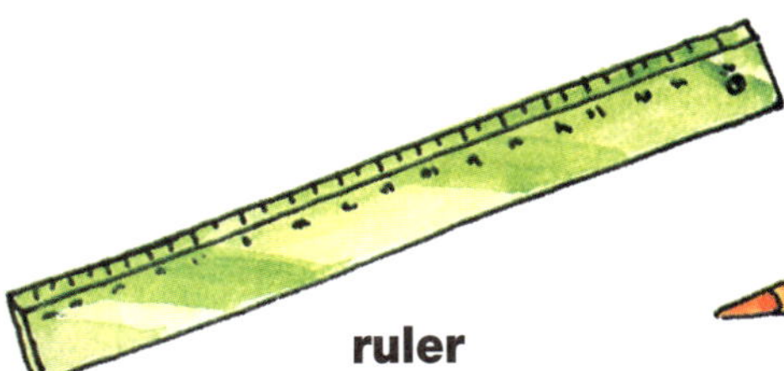

ruler
das Lineal

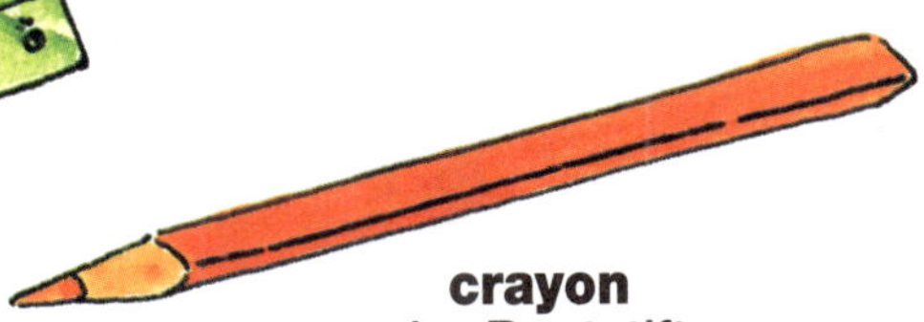

crayon
der Buntstift

pencil case
das Federmäppchen

In the supermarket • Im Supermarkt

noodles
die Nudeln

bean
die Bohne

biscuits
die Kekse

chocolate
die Schokolade

sweets
die Bonbons

carrot
die Mohrrübe

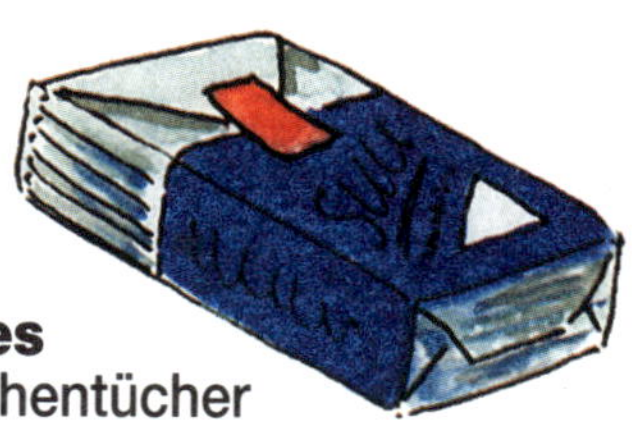

tissues
die Papiertaschentücher

lemon
die Zitrone

yoghurt
der Jogurt

flour
das Mehl

cherry
die Kirsche

lollipop
der Lutscher

cream
die Sahne

bottle
die Flasche

peas
die Erbsen

peach
der Pfirsich

pear
die Birne

salt
das Salz

strawberry
die Erdbeere

At the zoo • Im Zoo

crocodile
das Krokodil

banana
die Banane

drink
das Getränk

snake
die Schlange

camera
der Fotoapparat

ticket
die Eintrittskarte

guinea pig
das Meerschweinchen

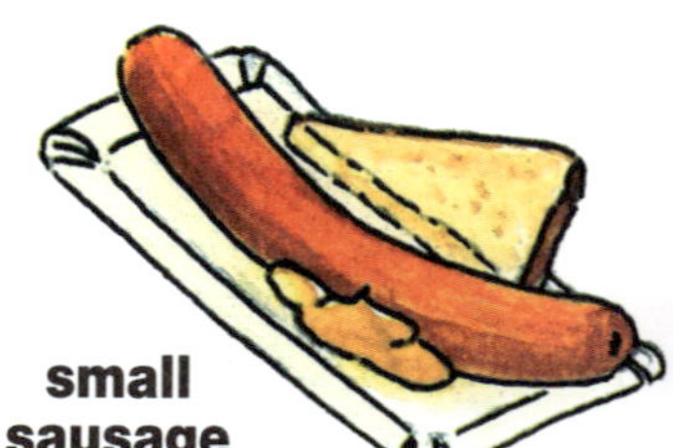

small sausage
das Würstchen

butterfly
der Schmetterling

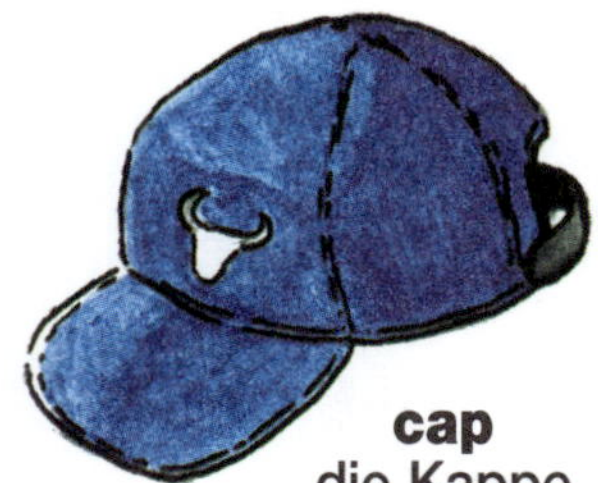

cap
die Kappe

fish
der Fisch

rubbish bin
der Abfalleimer

ice-cream
das Eis

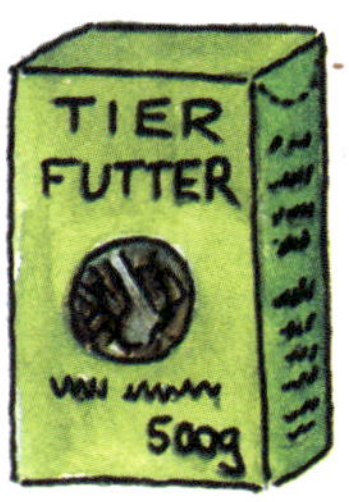

pet food
die Tiernahrung

bird-eating spider
die Vogelspinne

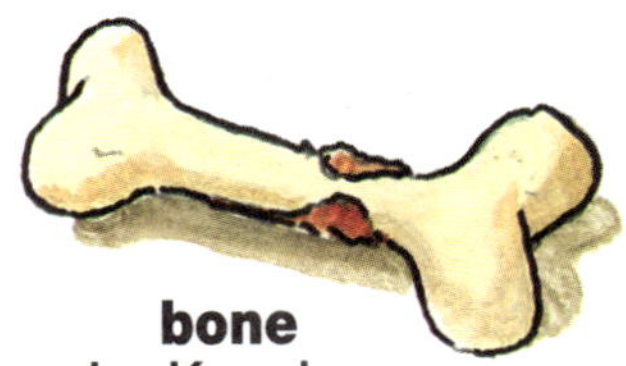

bone
der Knochen

Springtime on the farm • Frühling auf dem Bauernhof

horse
das Pferd

foal
das Fohlen

pig
das Schwein

piglet
das Ferkel

dog
der Hund

goose
die Gans

duck
die Ente

turkey
der Truthahn

rabbit
das Kaninchen

sheep
das Schaf

lamb
das Lamm

cat
die Katze

cock
der Hahn

cow
die Kuh

calf
das Kalb

bull
der Stier

chick
das Küken

chicken
das Huhn

Summer at the sea • Sommer am Meer

bucket
der Sandeimer

shrimp
die Garnele

beach ball
der Wasserball

sea urchin
der Seeigel

seal
der Seehund

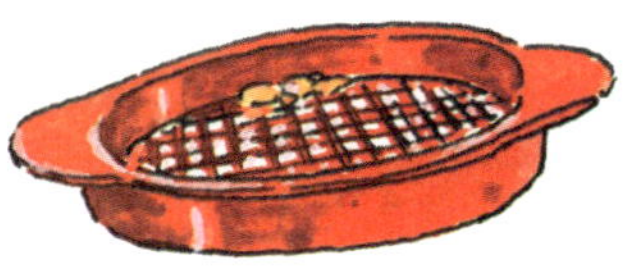

sieve
das Sieb

plaice
die Scholle

sunglasses
die Sonnenbrille

shovel
die Sandschaufel

jellyfish
die Qualle

mould
die Sandform

crab
die Strandkrabbe

magnifying glass
die Lupe

seaweed
der Seetang

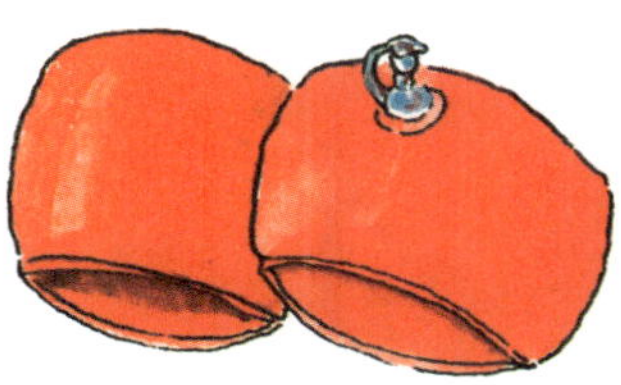

water wings
die Schwimmflügel

shells
die Muscheln

Autumn • Herbst

swan
der Schwan

frog
der Frosch

hare
der Hase

deer
das Reh

lizard
die Eidechse

blossom
die Blüte

chestnut
die Kastanie

grass
das Gras

spider
die Spinne

fox
der Fuchs

mole
der Maulwurf

mushrooms
die Pilze

hedgehog
der Igel

apple
der Apfel

earthworm
der Regenwurm

leaf
das Blatt

acorn
die Eichel

Winter in the mountains • Winter in den Bergen

snowman
der Schneemann

ski boots
die Skistiefel

snow-shovel
die Schneeschaufel

fir
die Tanne

snowboard
das Snowboard

leg in plaster
das Gipsbein

antlers
das Geweih

icicle
der Eiszapfen

ice-skater
die Schlittschuh-
läuferin

skis
die Skier

ski sticks
die Skistöcke

smoke
der Rauch

Saint Bernard
der Bernhardiner

snowball
der Schneeball

sleigh
der Schlitten

My family • Meine Familie

In the air • In der Luft

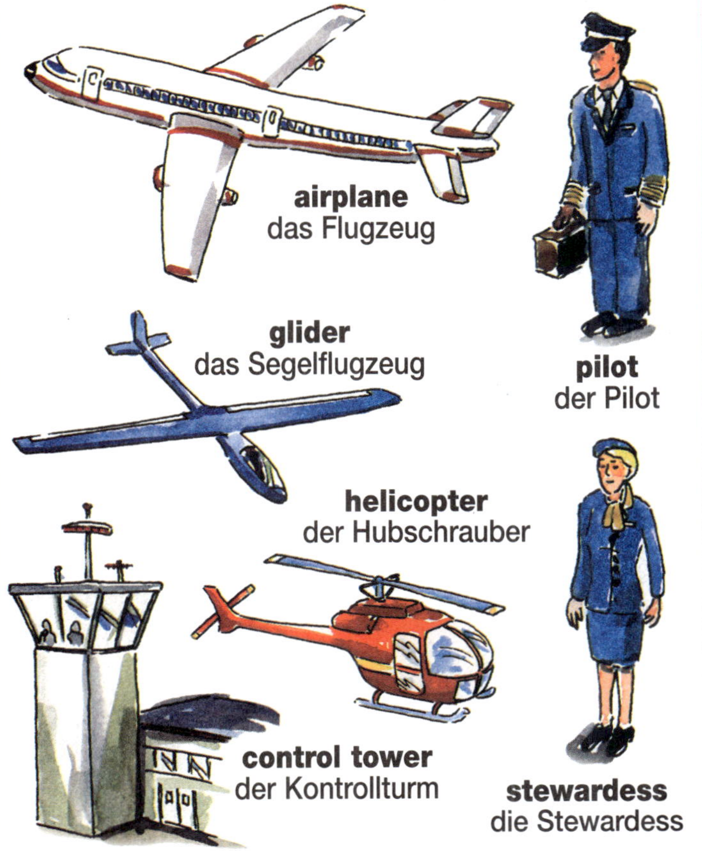

In the street • Auf der Straße

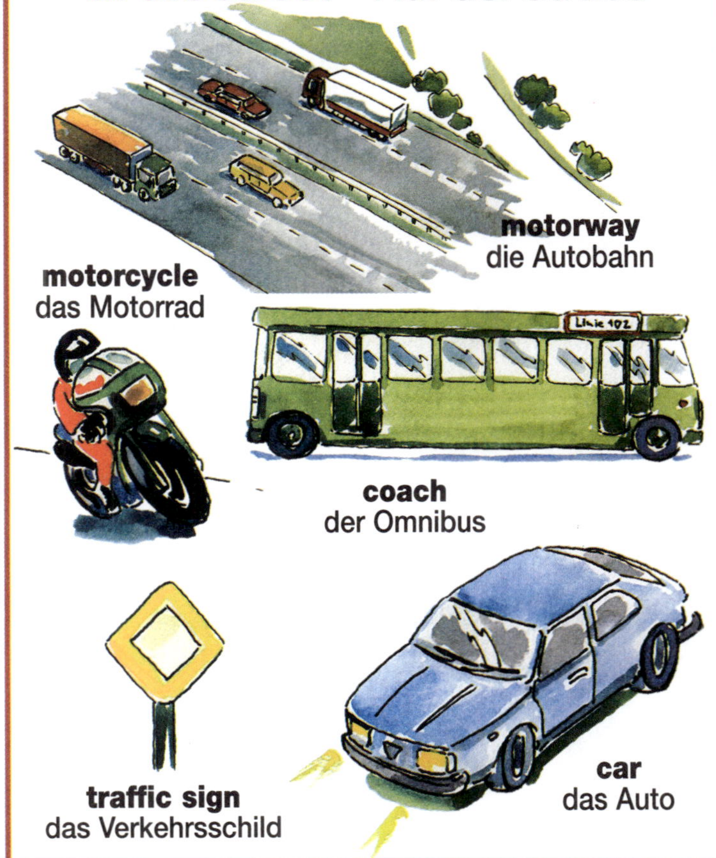

On the tracks • Auf den Schienen

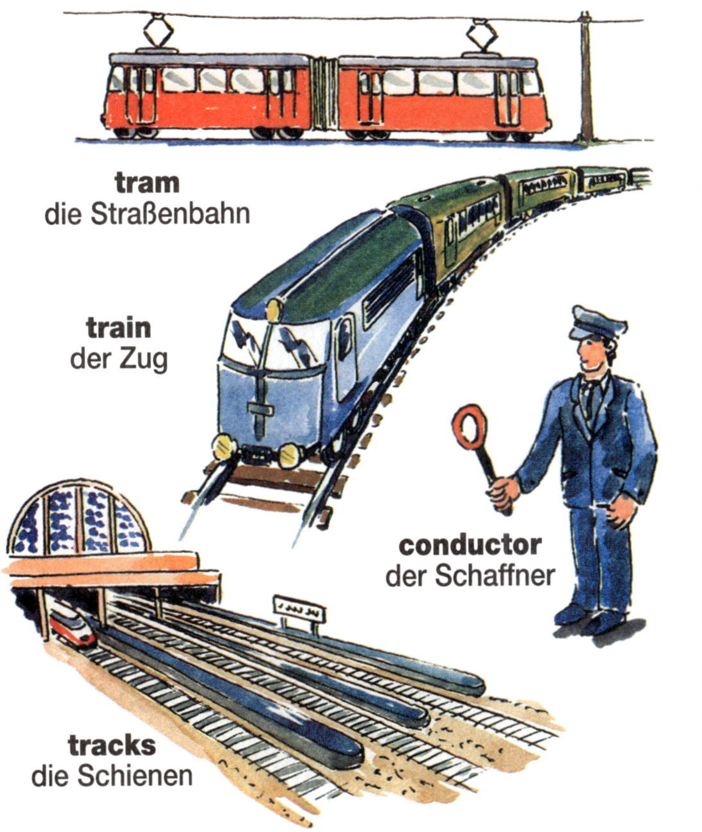

On the water • Auf dem Wasser

Opposites • Gegensätze

wet
nass

dry
trocken

ugly
hässlich

beautiful
schön

healthy
gesund

ill
krank

short
kurz

long
lang

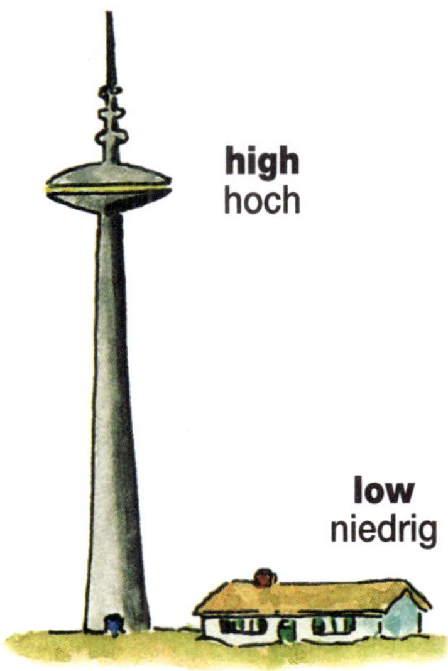

high
hoch

low
niedrig

cold
kalt

hot
heiß

hard
hart

soft
weich

sad
traurig

happy
fröhlich

first
Erster

last
Letzter

Time and weekdays • Uhrzeit und Wochentage

week • die Woche

Monday **Tuesday** **Wednesday** **Thursday** **Friday** **Saturday** **Sunday**

one week = 7 days
eine Woche = 7 Tage

time • die Uhrzeit

clock
Uhr

big hand
Großer Zeiger

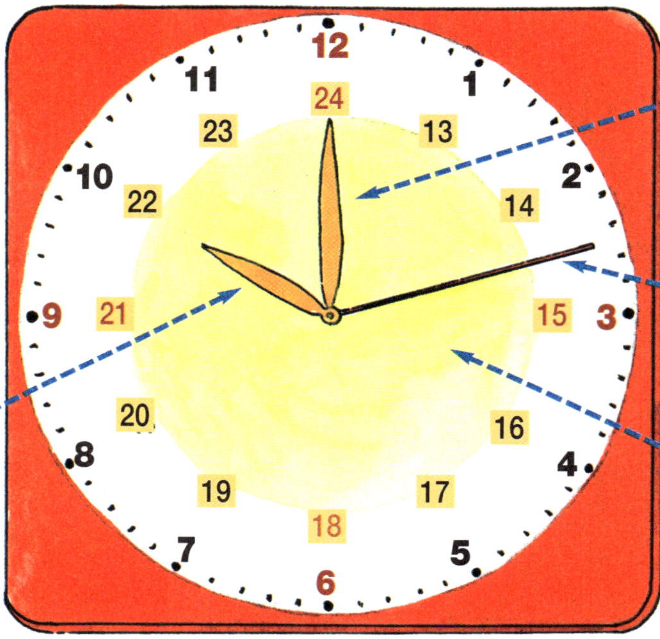

second hand
Sekundenzeiger

small hand
Kleiner Zeiger

dial
Ziffernblatt

one day = 24 hours
ein Tag = 24 Stunden

one hour = 60 minutes
eine Stunde = 60 Minuten

one minute = 60 seconds
eine Minute = 60 Sekunden

eight o´clock
acht Uhr

eight twenty
zwanzig nach acht

a quarter past eight
viertel nach acht

half past eight
halb neun

five to nine
fünf vor neun

a quarter to eight
viertel vor acht

1 **one** / eins

2 **two** / zwei

3 **three** / drei

4 **four** / vier

5 **five** / fünf

6 **six** / sechs

7 **seven** / sieben

8 **eight** /acht

9 **nine** / neun

10 **ten** / zehn

11 **eleven** / elf

12 **twelve** / zwölf

13 **thirteen** / dreizehn

14 **fourteen** / vierzehn

15 **fifteen** / fünfzehn

16 **sixteen** / sechzehn

17 **seventeen** / siebzehn

18 **eighteen** / achtzehn

19 **nineteen** / neunzehn

20 **twenty** / zwanzig

Vocabulary • Wörterliste

Sprachhinweis

Das englische "th" entspricht einem gelispelten S-Laut, den wir durch das $-Zeichen dargestellt haben.

A

Abfalleimer	rubbish bin (rabbisch binn)	29
acht	eight (äit)	43
achtzehn	eighteen (äitien)	43
Affe	monkey (manki)	28
Ameisenhaufen	anthill (enthill)	35
Ampel	traffic lights (treffik leits)	23
Anhänger (Auto)	trailer (trejler)	30
Anorak	anorak (enoreck)	8
anschauen	to look at (tu luck et)	6
Anspitzer	sharpener (scharpener)	25
Apfel	apple (eppel)	35
Apotheke	pharmacy (farmessie)	22
Arm	arm (ahm)	4
Armband	bracelet (brejslet)	8
Armbanduhr	wrist watch (rist wotsch)	9
Ast	branch (braansch)	35
aufräumen	to tidy up (tu teidi app)	6
aufwachen	to wake up (tu wejk app)	7
Auge	eye (ei)	5
Augenbraue	eyebrow (eibrau)	5
Auto	car (kar)	39
Autobahn	motorway (moterwej)	39

B

Backofen	oven (awen)	17
Badeanzug	swimming costume (swimming kostjum)	8
Bademantel	bathrobe (baa$roub)	20
Badewanne	bathtub (ba$tab)	21
Bäckerei	bakery (bejkeri)	26
Bäuerin	farmer (farmer)	30
Balkon	balcony (belkoni)	11
Ball	ball (borl)	13
Banane	banana (benana)	28
Bank	bank (benk)	22
Bauch	stomach (stomeck)	4
Bauer	farmer (farmer)	31
Bauernhaus	farmhouse (farmhaus)	30
Bauklötze	blocks (blocks)	13
Baum	tree (trie)	35
Becher	cup (kapp)	17
Beet	bed (bed)	11
Bein	leg (legg)	4
Bernhardiner	Saint Bernard (sejnt börnard)	37
Besen	broom (bruhm)	10
Bett	bed (bed)	12
Bettdecke	blanket (blenkit)	12
Bikini	bikini (bikini)	9
Bild	picture (picktschä)	14
Birne	pear (pier)	27
Blatt (Papier)	sheet (schiet)	25
Blatt (Baum)	leaf (lief)	35
Blockflöte	recorder (rikorda)	12
Blüte	blossom (blossem)	34
Blumenladen	flower shop (flauer schopp)	22
Bluse	blouse (blaus)	9
Bohne	bean (bien)	26
Bonbons	sweets (swiets)	26
Brett	board (bord)	17
Briefkasten	letter box (letter bocks)	11/22
Brille	glasses (glaasses)	9
Brötchen	roll (roull)	18
Brot	bread (bredd)	18
Brücke	bridge (bridsch)	34
Brust	breast (bresst)	4
Buch	book (buk)	14
Buchstabe	letter (letter)	24
Büro	office (offis)	22
Bürste	brush (brasch)	17/20
bürsten	to brush (tu brasch)	7
Buntstift	crayon (krejen)	25

C

Café	café (kaffeh)	23
CD	compact disc (kompeckt disk)	15
CD-Spieler	CD player (ssi di plejer)	14
Comicheft	comic (komik)	13
Computer	computer (kompjutä)	13
Cousin(e)	cousin (kasin)	38
Creme	cream (kriem)	21

D

Dach	roof (ruhf)	31
Dachboden	attic (ettik)	10
Deodorant	deodorant (deoderent)	20
dick	fat (fett)	40
Dienstag	Tuesday (tjusdi)	42
Donnerstag	Thursday ($örsdi)	42
Dorf	village (willitsch)	35
Dosenöffner	tin opener (tinn oupner)	16
Drachen	kite (keit)	33/34
drei	three ($rie)	43
dreizehn	thirteen ($örtien)	43
Düne	dune (djun)	32
dünn	thin ($inn)	40
Dusche	shower (schauer)	21
Duschvorhang	shower curtain (schauer körten)	21

E

Ei	egg (egg)	19
Eichel	acorn (ejkorn)	35
Eidechse	lizard (liserd)	34
Eierbecher	eggcup (eggkapp)	16
Eimer	bucket (backit)	11/32
Eingang	entry (entrie)	28
Einkaufswagen	trolley (trolli)	27
eins	one (uan)	43
Eintrittskarte	ticket (tikkit)	28
Eis (Speise)	ice-cream (eiskriem)	18/29
Eisbär	polar bear (polar bär)	28
Eiszapfen	icicle (eissickl)	36
Elefant	elephant (äläfent)	29
elf	eleven (ilewen)	43
Ellenbogen	elbow (ellbo)	4
Ente	duck (dack)	30
Erbsen	peas (pies)	27
Erdbeere	strawberry (stroberri)	27
Erster	first (först)	41
Esslöffel	spoon (spuhn)	17

F

Fähre	ferry (ferri)	39
Fahrrad	bicycle (beissickl)	22
Familie	family (femmelli)	29
fangen	to catch (tu ketsch)	7
Farbkasten	paintbox (pejntbocks)	25
Federmäppchen	pencil case (penssill kejss)	25
Feld	field (field)	31
Ferkel	piglet (piglet)	30
fern	far (faar)	40

Fernbedienung	remote control (rimout kontrol)	15
Fernseher	television set (telewischn sett)	14
Ferse	heel (hiel)	4
Feuer	fire (feier)	15
Finger	finger (finger)	4
Fisch	fish (fisch)	29
Fischkutter	fishing cutter (fischin katter)	32
Fischstäbchen	fish fingers (fisch fingers)	18
Flasche	bottle (bottel)	27
Fleisch	meat (miet)	27
Fliesen	tiles (teils)	20
flüstern	to whisper (tu wisper)	6
Flugzeug	aircraft (ärkraaft)	39
Fluss	river (riwer)	34
Föhn	hair-dryer (här dreier)	20
Fohlen	foal (foul)	30
Foto	photo (foto)	14
Fotoapparat	camera (kämera)	28
Frau	woman (wummenn)	14
Freitag	Friday (freidi)	42
Friseur	hairdresser (härdresser)	22
fröhlich	happy (häppi)	41
Frosch	frog (frogg)	34
Frühling	spring (spring)	30
Fuchs	fox (focks)	35
fünf	five (feif)	43
fünfzehn	fifteen (fiftien)	43
Fuß	foot (futt)	4
Fußgänger	pedestrians (pedästriäns)	22
Fußgängerzone	pedestrian precinct (pedästriän prissinkt)	23
Fußmatte	doormat (dohrmett)	11
Futterkrippe	manger (mejndscher)	35

G

Gabel	fork (fork)	17
Gameboy	Gameboy (gejmbeu)	12
Gans	goose (guus)	30
Garage	garage (gerasch)	10
Garnele	shrimp (schrimp)	32
Garten	garden (garden)	30
geben	to give (tu giw)	7
Gefrierschrank	freezer (frieser)	17
Gegensätze	opposites (oppositts)	40
gehen	to walk (tu work)	7
Gehweg	pavement (pejfment)	23
Gemüse	vegetables (wedschtebls)	19/27
Geschirrspülmaschine	dishwasher (dischwoscher)	17
geschlossen	closed (klousd)	40
Gesicht	face (fejss)	5
gesund	healthy (hell$i)	41
Getränk	drink (drink)	28
Getränke	beverages (beweridsches)	27
Getreide	grain (grejn)	31
Geweih	antlers (entlers)	36
Gewürze	spices (speisses)	17
Gießkanne	watering can (wotering känn)	10
Gipfel	peak (piek)	37
Gipsbein	leg in plaster (legg in plaster)	36
Giraffe	giraffe (dschiraaf)	29
Gitarre	guitar (gittar)	12
glatt	smooth (smu$)	40
Glühbirne	light bulb (leit balb)	14
Gras	grass (graass)	34
groß	tall (toll)	40
großer Zeiger	big hand (big hend)	42
Großmutter	grandmother (grendmo$er)	38
Großvater	grandfather (grendfa$er)	38
Gürtel	belt (belt)	8
Gummistiefel	Wellingtons (ouellingtens)	8

H

Haare	hair (här)	5
Haargummi	rubber band (rabber bend)	20
Hähnchen	chicken (tschicken)	18
hässlich	ugly (aggli)	41
Hafen	seaport (ssieport)	39
Hahn	cock (kock)	31
halb	half (haaf)	42
Hals	neck (neck)	4
Haltestelle	stop (stop)	22
Hamburger	hamburger (hämbörger)	19
Hammer	hammer (hämmer)	11
Hand	hand (händ)	4
Handpuppe	glove puppet (glouf pappet)	12
Handschuhe	gloves (glaws)	9
Handtuch	towel (tauel)	21
hart	hard (hard)	41
Hase	hare (hejr)	34
Haus	house (haus)	22
Haushaltsartikel	household articles (haushold artikels)	26
Hausschuhe	slippers (slippers)	9
Haustür	front door (frant dohr)	10
Heft	exercise book (äckserseis buck)	24
heiß	hot (hott)	41
Hemd	shirt (schört)	8
Herbst	autumn (ortem)	34
Herd	stove (stouw)	17
Heu	hay (hej)	31
Himmel	sky (skei)	32
hinfallen	to fall down (tu forl daun)	7
hoch	high (hei)	41
Holz	wood (wudd)	15
Honig	honey (hanni)	18
Hose	trousers (trausers)	9
Hotel	hotel (hotel)	22
Hubschrauber	helicopter (hällikopter)	39
Hühnerstall	henhouse (hennhaus)	30
Huhn	chicken (tschicken)	31
Hund	dog (dogg)	30
Hundehütte	kennel (kennel)	31

I

Igel	hedgehog (hedschhogg)	35
Imbiss	snack bar (sneck bar)	23
Insel	island (eiländ)	33

J

Jacke	jacket (dschecket)	8
Jäger	hunter (hanter)	34
Jeans	jeans (dschiens)	8
Jogurt	yoghurt (jogett)	26

K

Känguru	kangaroo (kängeru)	29
Käse	cheese (tschiess)	18/26
Kaffee	coffee (koffi)	19
Kaffeekanne	coffeepot (koffipott)	19
Kaffeemaschine	coffee machine (koffi meschin)	16
Kalb	calf (kaaf)	31
kalt	cold (kold)	41
Kamel	camel (kemmel)	29
Kamin	fireplace (feierplejs)	15
Kaninchen	rabbit (räbbit)	30
Kapitän	captain (keptn)	39
Kappe	cap (kepp)	29
Kartenspiel	deck of cards (deck off kards)	13
Kasse	cash register (käsch redschister)	27
Kassette	cassette (kessett)	14
Kassettenrekorder	cassette recorder (kessett rikordä)	15
Kastanie	chestnut (tschestnatt)	34
Katze	cat (kätt)	31
Kaufhaus	department store (dipartment stor)	22
Kaufmannsladen	toy grocer's shop (teu großers shop)	12
Kekse	biscuits (biskits)	26
Keller	cellar (seller)	11
Kerzenständer	candlestick (kendlstick)	15
Kinn	chin (tschinn)	5
Kino	cinema (sinema)	23

Kirche	church (tschörsch)	22
Kirsche	cherry (tscherri)	27
Kissen	cushion (kuschen)	14
Klassenbuch	register (redschister)	25
Klebstoff	glue (glu)	24
klein	short (schort)	40
kleiner Zeiger	small hand (smoll händ)	42
Knie	knee (nie)	4
Knochen	bone (bohn)	29
Knopf	button (batten)	8
Körper	body (boddi)	4
Konserven	tinned food (tinnd fuhd)	26
Kontrollturm	control tower (kontroul tauer)	39
Kopf	head (häd)	4
Kopfkissen	pillow (pillo)	12
Korkenzieher	corkscrew (korkskru)	17
krank	ill (ill)	41
Kreide	chalk (tschock)	24
Krokodil	crocodile (krokodeil)	28
Kuchen	cake (kejk)	19
Kuchenform	cake tin (kejk tinn)	16
Küchenmesser	kitchen knife (kitschen neif)	17
Küchenrolle	kleenex (klinecks)	17
Kühlschrank	refrigerator (rifridscherejter)	17
Küken	chick (tschick)	31
Kuh	cow (kau)	31
Kunde	client (kleiänt)	27
kurz	short (schort)	41
kurze Hose	shorts (schorts)	9
Kuscheltier	stuffed animal (staffd ennimäl)	12

L

lachen	to laugh (tu laav)	6
Lamm	lamb (lämb)	31
Lampe	lamp (lämp)	15
Landkarte	map (mäp)	24
lang	long (long)	41
langsam	slow (slou)	40
Latzhose	dungarees (danndscheries)	8
Lawine	avalanche (äveläntsch)	36
leer	empty (emti)	40
Legosteine	lego bricks (lego bricks)	13
Lehrerin	teacher (tietscher)	25
leicht	light (leit)	40
Leiter	ladder (lädder)	12
lesen	to read (tu ried)	7
Letzter	last (laast)	41
Leuchtturm	lighthouse (leithaus)	33
liegen	to lie (tu lei)	6
Liegestuhl	deck chair (deck tscheer)	33
Lineal	ruler (ruler)	25
links	left (lefft)	40
Lippe	lip (lipp)	5
Lippenstift	lipstick (lippstick)	20
Litfaßsäule	advertising column (edwerteising kolem)	22
Löwe	lion (leien)	29
Luft	air (är)	39
Luftkissenboot	hovercraft (huverkraaft)	39
Lupe	magnifying glass (megnifeiing glaass)	33
Lutscher	lollipop (lollipopp)	27

M

Mann	man (männ)	14
Mantel	coat (kout)	9
Marionette	puppet (pappet)	13
Marmelade	jam (dschäm)	19
Matrose	sailor (sejler)	39
Maulwurf	mole (moul)	35
Meer	sea (ssie)	33
Meerschweinchen	guinea pig (gini pig)	28
Mehl	flour (flaur)	27
Messer	knife (neif)	17
Mikrowellenherd	microwave oven (meikrowejf owen)	16
Milch	milk (milk)	18
Milchkännchen	milk jar (milk dschar)	19
Minute	minute (minit)	42
Misthaufen	dung heap (dung hiep)	31
Mittwoch	Wednesday (ouendsdi)	42
Möwe	seagull (siegall)	32
Mohrrübe	carrot (kerrot)	26
Montag	Monday (mondi)	42
Motorboot	motorboat (mouterbout)	39
Motorrad	motorcycle (motorßeikl)	39
Müllcontainer	recycling bin (rißeikling binn)	22
Mülleimer	rubbish bin (rabbisch binn)	16
Mülltonne	rubbish bin (rabbisch binn)	11
Müsli	muesli (mjusli)	18
Mütze	cap (kepp)	9
Mund	mouth (mau$)	5
Muscheln	shells (schells)	33
Museum	museum (mjusiäm)	23
Mutter	mother (ma$er)	19/38

N

Nachthemd	nightdress (neitdress)	9
Nacken	neck (neck)	4
Nageletui	nailcare-set (nejlkär sett)	21
nah	near (nier)	40
Nase	nose (nous)	5
Nashorn	rhino (reino)	29
nass	wet (ouett)	41
nehmen	to take (tu tejk)	7
neun	nine (nein)	43
neunzehn	nineteen (neintien)	43
niedrig	low (lou)	41
Nilpferd	hippo (hippou)	29
Nudeln	noodles (nudels)	26

O

oben	on top (on topp)	40
Obst	fruit (fruut)	27
Obstbaum	fruit tree (fruut trie)	31
offen	open (open)	40
Ohr	ear (ier)	5
Ohrring	earring (ierring)	9
Omnibus	coach (kootsch)	39
Onkel	uncle (ankel)	38
Ordner	file (feil)	24
Ortsschild	place name sign (plejs nejm ßein)	22

P

Pandabär	panda (panda)	28
Papagei	parrot (perrot)	29
Papierkorb	bin (binn)	24
Papiertaschentücher	tissues (tissjus)	26
Parfüm	perfume (perfjuum)	20
Parkuhr	parking meter (parking mieter)	23
Pausenbrot	snack (snäck)	25
Pfanne	pan (pen)	16
Pfannenwender	scraper (skrejper)	17
Pfau	peacock (piekock)	28
Pfeffer	pepper (pepper)	18
Pferd	horse (horß)	30
Pfirsich	peach (pietsch)	27
Pflug	plough (plau)	30
Pilot	pilot (peilet)	39
Pilze	mushrooms (maschruhms)	35
Pinguin	penguin (penguin)	28
Piste	piste (piest)	37
Pizza	pizza (pietse)	18
Po	bottom (bottem)	4
Polizist	policeman (pließmen)	23
Pommes frites	chips (tschipps)	18
Post	post office (poust offis)	22
Poster	poster (pouster)	12
Pullover	jumper (dschamper)	9
Puppe	doll (doll)	13
Puppenhaus	doll's house (dolls haus)	13

Puppenwagen ... doll's pram (dolls prem) ... 13
Puzzle ... jigsaw puzzle (dschicksor passel) ... 12

Q

Qualle ... jellyfish (dschellifisch) ... 33
Quark ... curd (körd) ... 19

R

Radiergummi ... rubber (rabber) ... 24
Radio ... radio (rejdio) ... 14
Rasen ... grass (graas) ... 11
Rasierapparat ... razor (rejser) ... 20
Rasierwasser ... aftershave lotion (aftershejf loschen) ... 21
Rathaus ... town hall (taun holl) ... 23
rau ... rough (raff) ... 40
Rauch ... smoke (smook) ... 37
rechnen ... to calculate (tu kelkjulejt) ... 6
rechts ... right (reit) ... 40
reden ... to talk (tu tork) ... 6
Regal ... shelf (schelf) ... 13
Regenwurm ... earthworm (ör$wörm) ... 35
Reh ... deer (dier) ... 34
Reinigungsmittel ... cleaning agents (kliening ejdschents) ... 26
Reis ... rice (reiß) ... 19
Reißverschluss ... zipper (sipper) ... 9
Reklame ... advertisement (edwerteisment) ... 23
rennen ... to run (tu ran) ... 6
Restaurant ... restaurant (restrant) ... 23
Ring ... ring (ring) ... 9
Rock ... skirt (skört) ... 9
Rücken ... back (bäck) ... 4

S

Saft ... juice (dschuhß) ... 19
Sahne ... cream (kriem) ... 27
Salat ... salad (seled) ... 19
Salz ... salt (solt) ... 18/27
Samstag ... Saturday (setterdi) ... 42
Sandalen ... sandals (sendels) ... 8
Sandeimer ... bucket (backet) ... 32
Sandform ... mould (mould) ... 33
Sandschaufel ... shovel (schavl) ... 33
sauber ... clean (klien) ... 40
Schaf ... sheep (schiep) ... 31
Schaffner ... conductor (kondakter) ... 39
Schal ... scarf (skaaf) ... 9
Schaumbad ... bubble bath (babbel ba$) ... 21
Schere ... pair of scissors (e pär off sissers) ... 24
Scheune ... barn (barn) ... 30
schieben ... to push (tu push) ... 7
Schienen ... tracks (trecks) ... 39
Schiff ... ship (schipp) ... 33/39
Schlafanzug ... pyjamas (pidschamas) ... 8
schlafen ... to sleep (tu sliep) ... 6
Schlange ... snake (snejk) ... 28
Schlitten ... sleigh (slej) ... 37
Schlittschuhläuferin ... ice-skater (eiß-skejt) ... 37
Schlüsselbund ... key ring (kie ring) ... 10
Schmetterling ... butterfly (batterflei) ... 29
schmutzig ... dirty (dörti) ... 40
Schnee ... snow (snou) ... 37
Schneeball ... snowball (snouboll) ... 37
Schneebesen ... whisk (ouisk) ... 17
Schneemann ... snowman (snoumin) ... 36
Schneepflug ... snowplough (snouplaf) ... 37
Schneeschaufel ... snow-shovel (snou-schavl) ... 36
schnell ... fast (faast) ... 40
Schnitzel ... schnitzel (schnitzel) ... 18
schön ... beautiful (bjutifull) ... 41
Schokolade ... chocolate (tschoklett) ... 26
Scholle ... plaice (plejs) ... 32
Schornstein ... chimney (tschimni) ... 11
Schrank ... cabinet (käbinet) ... 14
Schraubenzieher ... screwdriver (skrudreiwer) ... 10
Schreibtisch ... desk (desk) ... 13
schreien ... to shout (tu schaut) ... 6
Schüler ... pupil (pjupil) ... 25
Schülerin ... pupil (pjupil) ... 25
Schürze ... apron (ejpren) ... 16
Schuhe ... shoes (schuus) ... 8
Schulbuch ... school book (skuul buck) ... 25
Schulhof ... schoolyard (skuuljard) ... 25
Schulranzen ... satchel (setschel) ... 24
Schulter ... shoulder (schoulder) ... 4
Schwamm ... sponge (spandsch) ... 17/24
Schwan ... swan (swonn) ... 34
Schwein ... pig (pig) ... 30
schwer ... heavy (häwi) ... 40
Schwimmflügel ... water wings (ouoter ouings) ... 33
sechs ... six (sicks) ... 43
sechzehn ... sixteen (sickstien) ... 43
See (der) ... lake (lejk) ... 34
Seehund ... seal (siel) ... 29/32
Seeigel ... sea urchin (sie örtschen) ... 32
Seetang ... seaweed (siewied) ... 33
Segelflugzeug ... glider (gleider) ... 39
Seife ... soap (soup) ... 20
Seilbahn ... cable railway (kejbel rejlwej) ... 36
Sekunde ... second (sekend) ... 42
Sekundenzeiger ... second hand (sekend händ) ... 42
Senf ... mustard (masterd) ... 18
Sense ... scythe (skei$) ... 31
Sessel ... easy chair (ihsi tscheer) ... 10
Sieb ... sieve (siew) ... 16/32
sieben ... seven (sewen) ... 43
siebzehn ... seventeen (sewentien) ... 43
singen ... to sing (tu sing) ... 6
sitzen ... to sit (tu sitt) ... 6
Skier ... skis (skis) ... 37
Skihütte ... ski hut (ski hat) ... 37
Skilift ... ski-lift (ski lift) ... 36
Skistiefel ... ski boots (ski buhts) ... 36
Skistöcke ... ski sticks (ski sticks) ... 37
Snowboard ... snowboard (snoubord) ... 36
Socken ... socks (socks) ... 8
Sofa ... sofa (soufa) ... 14
Sohn ... son (san) ... 38
Sommer ... summer (sammer) ... 32
Sonderangebot ... sale (sejl) ... 26
Sonnenbrille ... sunglasses (e pär off sannglaasses) ... 32
Sonntag ... Sunday (sandi) ... 42
Soße ... sauce (sorß) ... 19
Spagetti ... spaghetti (spegetti) ... 19
Spiegel ... mirror (mirrer) ... 20
Spielbrett ... board (bohrd) ... 13
spielen ... to play (tu plej) ... 6
Spielsteine ... pieces (pießes) ... 12
Spielzeugauto ... toy car (teu kar) ... 13
Spinne ... spider (speider) ... 35
springen ... to jump (tu dschamp) ... 6
Stadion ... stadium (stejdiäm) ... 36
Stall ... stable (stejbel) ... 31
Stamm ... trunk (trank) ... 35
Staubsauger ... vacuum cleaner (wäkuem kliener) ... 11
Steckdose ... socket (sockit) ... 15
Steckenpferd ... hobby-horse (hobbihorß) ... 13
stehen ... to stand (tu stend) ... 7
Stein ... stone (stoun) ... 35
Stereoanlage ... stereo (stereo) ... 14
Stewardess ... stewardess (stjuardess) ... 39
Stier ... bull (bull) ... 31
Stirn ... forehead (forid) ... 5
Strand ... beach (bietsch) ... 32
Strandkorb ... beach chair (bietsch tschär) ... 33
Strandkrabbe ... crab (kräbb) ... 33
Straße ... street (striet) ... 39
Straßenbahn ... tram (tremm) ... 39
Straßenlaterne ... street lamp (striet lämp) ... 23

Straßenmaler	street artist (striet artist)	22
Straßenmusikant	street musician (striet mjusischen)	23
Strauß (Vogel)	ostrich (ostritsch)	29
streicheln	to pet (tu pet)	7
Streichhölzer	matches (metsches)	15
Strohballen	bale of straw (bejl off stror)	31
Strümpfe	stockings (stockings)	8
Strumpfhose	tights (teits)	8
Stunde	hour (auer)	42
Süßigkeiten	sweets (swiets)	27
Supermarkt	supermarket (sjupermarket)	26
Suppe	soup (suup)	18
Suppenkelle	soup ladle (suup lejdel)	16
Suppenteller	soup plate (suup plejt)	16
Sweatshirt	sweatshirt (swätschört)	8

T

Tafel	blackboard (bläckbohrd)	25
Tag	day (dej)	42
Tanne	fir (för)	36
Tante	aunt (ahnt)	38
Tasche	bag (beg)	27
Tasse	cup (kap)	16
Taxi	cab (keb)	23
Teddybär	teddy bear (teddi bär)	12
Teelöffel	teaspoon (tispuhn)	17
Telefon	telephone (telefoun)	14
Telefonzelle	telephone booth (telefoun buu$)	23
Teller	plate (plejt)	16
Teppich	carpet (karpit)	14
Tesafilm	adhesive tape (edhisif tejp)	24
Tiernahrung	pet food (pet fudd)	26/29
Tierwärter	zoo-keeper (su kieper)	29
Tiger	tiger (teiger)	29
Tisch	table (tejbel)	15
Toastbrot	toast (toust)	18
Tochter	daughter (dortir)	38
Toilette	toilet (toilet)	21
Toilettenbürste	toilet brush (toilet brasch)	20
Toilettenpapier	toilet paper (toilet pejper)	21
tragen	to carry (tu kerri)	6
Traktor	tractor (trektor)	30
traurig	sad (säd)	41
trinken	to drink (tu drink)	7
trocken	dry (drei)	41
Truthahn	turkey (törki)	30
T-Shirt	T-shirt (tie shört)	9
Tür	door (door)	30
Turnschuhe	sneakers (sniekers)	9

U

U-Bahn	subway (sabwej)	23
Uhr	clock (klock)	42
Uhrzeit	time (teim)	42
umarmen	to embrace (tu embrejs)	7
unten	at the bottom (et $e bottem)	40
Unterhemd	undershirt (andershört)	8
Unterhose	pants (pänts)	8
Untertasse	saucer (sorßer)	16
Urgroßmutter	great-grandmother (grejt grändma$er)	38
Urgroßvater	great-grandfather (grejt grändfah$er)	38

V

Vase	vase (waas)	15
Vater	father (fah$er)	19/38
Verkäuferin	shop assistant (schopp essistent)	26
Verkehr	traffic (treffik)	39
Verkehrsschild	traffic sign (treffik ßein)	39
Videokassette	video cassette (video kessett)	15
Videorekorder	video recorder (video rikordä)	15
viel	a lot of (e lott off)	40
vier	four (for)	43
viertel (vor acht)	quarter (to eight) (kworter)	42
vierzehn	fourteen (fortien)	43
Vogel	bird (börd)	35
Vogelscheuche	scarecrow (skejrkrou)	35
Vogelspinne	bird-eating spider (börd-ieting speider)	29
voll	full (full)	40
Vorhang	curtain (körten)	15

W

Waage	scales (skejls)	21
Wachsmalstift	wax crayon (ouäcks krejen)	25
Wärmflasche	hot-water bottle (hott woter bottel)	21
Wäsche	laundry (lorndri)	21
Wäschekorb	laundry basket (lorndri baskit)	10
Wäschetrockner	drier (dreier)	10
Wald	forest (forest)	35
Wand	wall (uooll)	25
Wange	cheek (tschiek)	5
Waschbecken	wash basin (wosch bejsen)	20
Waschbeutel	sponge bag (spondsch beg)	20
waschen	to wash (tu wosch)	7
Waschmaschine	washing machine (wosching meschihn)	10
Wasser	water (woter)	39
Wasserball	beach ball (bietsch boll)	32
Wasserhahn	water tap (woter täpp)	21
Wecker	alarm clock (alarm klock)	13
Weg	path (paa$)	34
Wegweiser	sign post (ßein poust)	34
weich	soft (ßoft)	41
Weide	pasture (pahstscher)	30
weinen	to cry (tu krei)	6
wenig	little (littel)	40
werfen	to throw (tu $rou)	7
Wiese	meadow (mäddo)	34
Winter	winter (ouinter)	36
Wintergarten	winter garden (ouinter gahden)	10
Wischmopp	floorcloth (florklo$)	11
Woche	week (ouiek)	42
Wolke	cloud (klaud)	33
Würfel	die (dei)	13
Würstchen	small sausage (smoll sossitsch)	28
Wurst	sausage (sossitsch)	19/26

X

Xylophon	xylophon (seilofoun)	12

Z

Zähne putzen	to brush one's teeth (tu brasch ouans tie$)	6
Zahl	number (namber)	25
Zahlen	numbers (nambers)	43
Zahn	tooth (tuh$)	5
Zahnbürste	tooth brush (tuh$ brasch)	21
Zahnpasta	toothpaste (tuh$ pejst)	21
Zahnputzbecher	toothbrush glass (tuh$brasch glaass)	20
Zange	pliers (pleiers)	11
Zaun	fence (fenz)	30
Zebra	zebra (sihbra)	29
Zebrastreifen	zebra crossing (sihbra krossing)	22
Zeh	toe (tou)	4
zehn	ten (ten)	43
Zeichnung	drawing (droing)	24
Zeitschrift	magazine (megesin)	14
Zeugnis	report (riport)	24
ziehen	to pull (tu pull)	6
Zifferblatt	dial (deil)	42
Zirkel	pair of compasses (pär off kompesses)	24
Zitrone	lemon (lemmen)	26
Zug	train (trejn)	39
zuhören	to listen (tu lissen)	6
Zunge	tongue (tong)	5
zwanzig	twenty (twenti)	43
zwei	two (tu)	43
zwölf	twelve (twelw)	43